Liebe Greta

wir wünschen Dir

dass Du immer

... die kleine ...

... folgst

Bommel" und viele sch...

... auf der Welt

entdeckst ...

♡

Enka & Rainer

WILLKOMMEN IM LEBEN

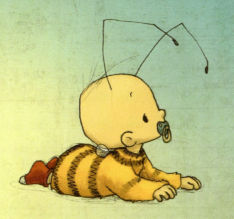

arsEdition

Willkommen im Leben!
Wir haben schon auf dich gewartet.
Wie schön, dass du da bist!

Deine Hände
sind noch so klein,
die Füße so winzig –
und doch steckt alles
bereits in dir.

Auch wenn deine Flügel
noch klitzeklein sind, wirst du
ganz gewiss in die Welt fliegen.
Deine Flügel sind vielleicht winzig,
aber sie sind besonders stark.
Sie tragen dich überall hin.

Sieh nur, du kannst fliegen!

Fürs Glücklichsein ist immer Zeit!

Das Glück kann auch ein Honigbrot sein.

Schau in die Ferne,
das Glück wartet
schon auf dich.
Flieg in die
weite Welt hinaus –
finde es für dich heraus.

Das Glück
ist da,
wo man
zu Hause ist.

Und tut der Bauch
mal weh,

hilft immer
Mamas Tee.

Du wirst sehen,
kleine Hummel,
das Leben ist schön.

Du bist
einzigartig.
Du bist anders.
Das hat alles
seinen Sinn.

Und fragst du dich,
was Liebe ist,
wo sie wohl herkommt,
wie sie wohl aussieht,
wer sie wohl ist?

Liebe ist Liebe!

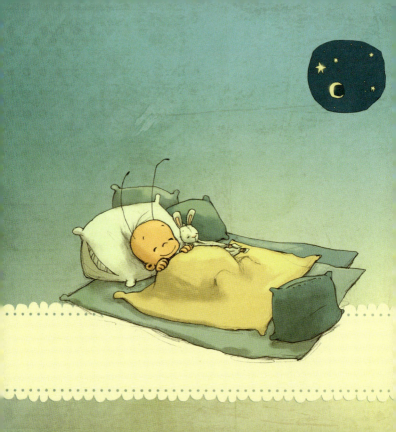

Für eine extra Hummelrunde
Kuscheln ist immer Zeit.

Liebe ist wie ein Sonnenstrahl.
Du brauchst ihre Wärme.
Du brauchst ihre Nähe.
Du brauchst sie wie das Licht,
aber sehen musst
du sie nicht.

Fragst du dich,
was die Liebe
mit dir macht?
Sie macht dich groß
und von innen stark.

Vergiss nie, wir haben dich lieb!

Die Zeit mit dir ist so kostbar
wie eine volle Blütenpracht.

Schöne Momente bleiben
für immer im Herzen.

Mit Kindern geht
die Zeit besonders
schnell vorbei.

Die Zeit mit dir kann man
nicht zurückholen. Sie ist da
für dich und für mich.

Zeit ist jetzt.
Zeit ist Leben.
Zeit bist du.
Ich will sie dir geben!

Und hast du die Hummelnase
voll vom Warten:
Hab Geduld —
alles hat seine Zeit.

Es kommt darauf an,
wie man die Zeit betrachtet.

Die Zeit flüstert uns zu –
wie und womit, bestimmst nur du.

Was Glück ist,
muss jeder für sich
selber herausfinden.

Mut trägt man
im Herzen.

Schau und staune.
Die Welt ist groß
und bunt –
jeder ist anders.

Denke immer daran, hör auf dein Herz:
Du bist du.

© BEATRICE MACK

© 2018 arsEdition GmbH,
Friedrichstr. 9, 80801 München
Alle Rechte vorbehalten
Text: Britta Sabbag und Maite Kelly
Illustrationen: Joëlle Tourlonias

ISBN 978-3-8458-2511-3

www.arsedition.de
www.hummelbommel.de

FSC
www.fsc.org

MIX
Papier aus verantwortungsvollen Quellen
FSC® C012700